अन्तस्थल में इरण

आयुष कुमार 'कृष्ण'

क्रम-सूची

क्रम-सूची

क्रम-सूची

क्रम-सूची

लेखक की ओर से

आप सभी के समक्ष अपना काव्य संग्रह अन्तस्थल में इरण प्रस्तुत करते हुए में अत्यंत हर्ष का अनुभव कर रहा हूँ। मैंने अपनी भावनाओं को कविताओं में पिरोने का एक छोटा सा प्रयास किया है और आज मेरी ये कविताएं अन्तस्थल में इरण के रूप में इकठ्ठी एक जगह संग्रहित हई हैं। कभी सोचा न था कि मेरी कविताएं किसी दिन एक किताब की शक्ल में सामने आएंगी, परंतु आज यह सम्भव हुआ है और इस क्रम में सर्वप्रथम में उस सर्वशक्तिमान परमेश्वर श्री कृष्ण को धन्यवाद प्रेषित करता हूँ, जिनकी इच्छा और प्रेरणा के बिना शायद ही यह संभव हो पाता। मैं ऋणी हूँ अपने पूज्य पिताजी श्री मनोज जी और पूज्यनीय माता जी श्रीमती रामश्री देवी का, जिनकी वजह से मुझे यह जीवन प्राप्त हुआ। यह उनके ही दिए संस्कार हैं जो मैं रचनात्मकता की ओर उन्मुख हुआ। मैं आभारी हूँ अपने उन गुरुओं अनीता पांडेय (माँ जी), अभिषेक पांडेय (गुरुदेव) और प्रीति शर्मा (मैम जी) का, जिन्होंने मुझे इस योग्य बनाया कि मैं अपनी भावनाओं को कागज पर उकेर सकूँ। इस सब के अतिरिक्त कुछ और नाम हैं जिनके बिना यह संग्रह शायद ही संभव हो पाता। परम् प्रिय मित्रगण दिव्यांशु कुशवाह और अभिषेक कुमार। ये चंद ऐसे महत्वपूर्ण नाम हैं जिनसे अलग शायद इस संग्रह का कोई मूल्य नहीं, कोई महत्व नहीं।

1. कागज की नाव

कितनी सुंदर कितनी प्यारी
ये कागज की नाव
चली जा रही मस्त मलंग सी
ये कागज की नाव
कागज की ये नाव चली जब
बीच धार की ओर
ऊपर भी जल की बूँदे थी
नीचे लहर हिलोर
धीरे धीरे नम होता जाता
जैसे आधार
वैसे ही बढ़ता दिखता है
जल का विकट प्रहार
इक अंगुल की थाह लिए था
यह जलनिधि विस्तार
फिर भी आँचल मे भरने को
तत्पर पारावार
बाहों को फैला पाकर वो
सकुचाने लागी थी
मेरी प्यारी नाव आज कुछ
घबराने लागी थी
बाहों मे सागर ने भरकर
उसको चूम लिया था
लगा आज जैसे इक पल में

अम्बर चूम लिया था
पर बाहों मे कस कर मेरी
नाव टूट गयी थी
प्रेम जाल मे पड़ कर देखो
वो भी डूब गयी थी।

2. नई नई सी नाव

नई नई सी नाव आज
जब सागर मे जायेगी
किसी किनारे पर वो
खुद को बिखरा ही पायेगी
तट की नावों से पहले जो
भिन्न पृथक सी थी वो
आज स्वयं का परिचय कैसे
खुद को दे पायेगी
अंग अंग पर सागर के
लहरो की चोट दिखेगी
कांति हीन वह अति मलीन
माटी के मोल बिकेगी
कवियों के कलमों की स्याही
भी जब सूख जायेगी
तन से टूट चुकी ये नाव
मन से भी टूट जायेगी
कहाँ स्वयं को पाओगी
जैसी तुम पूर्व कभी थी
खुद की नजरो मे गिर कर
तुम कैसे जी पाओगी
कुछ पल आलिंगन की मस्ती
ये कितनी महंगी है
प्राण और जीवन ज्योति से

भी तो ये महंगी है
इस सागर के तट पर बैठे
तुमको चाहने वाले
तुम मेरी हो प्राण प्रिये
प्रतिपल ये कहने वाले
उनके कोमल हिय को तुम
यूँ पत्थर से तोड़ो
सागर की बाहों जाने की
इस ज़िद को छोड़ो
संग रहो तुम मेरे तेरी
मैं थामूँ पतवार
चाहे कोई लहर टकराये
या खुद पारावार

3. मैं तुम और चाय

आज देख कर चाय की प्यारी सी प्याली
कुछ मीठी कुछ गर्म और कुछ अदरक वाली
स्वाद कहां होता था पर हंसकर पीते थे
कहां खबर थी उसको के उस पर मरते थे

आंखो ही आंखो अक्सर लड़ जाते थे
बातों ही बातों में हद से बड़ जाते थे
सुबह शाम भी हो जाती थीं बातों में फंसकर
ख्वाब सजाते इक उसकी बाहों में कसकर

खौफ कहां था फिर तो कितना डरते थे
खुद को उसका और उसको अपना कहते थे
ये चाय दिखा देती थीं प्रातः चेहरा जिसका
उसी एक चेहरे पर हम कितना मरते थे

4. तलाश

ढूंढ रहा मैं तरुनि कोई
जो दे तरुवर सी छांह
अगर कभी हूं तप्त क्लांत
मुझ तक फैला दे बांह
जो मुझे जगा दे
राह दिखा दे
भर दे नव उत्साह
ग्रीष्म काल की तपन में बने
शीतल पवन प्रवाह
जीवन की जो
गति लौटा दे
करदे नवल प्रभात
सुख के नए आयामों की जो
रख दे नई बुनियाद
रूप रंग गुण सत्य धर्म
से हो जिसका श्रृंगार
भक्ति प्रेम की थाह
हो इतनी
ज्यो हो पारावर

5. नन्ही सी राजकुमारी

नन्ही सी एक राजकुमारी
सपने देखे एक हजार
कहती नही किसी से कभी
रहे खोजती राजकुमार
उड़ना चाहे दूर गगन तक
जीवन मे संघर्ष अपार
सहज सरल सुंदर सुशील
वो लगे बिना कोई श्रृंगार

6. स्वप्न सुंदरी ।।।

(परियाँ)
आसमान से कितनी परियाँ
आती मुझे बुलाने को
कोमल तन है, सुंदर मन है
चाहती मुझे घुमाने को।
कहीं दूर कहीं ,जहाँ कोई नही
न पहुँच किसी की हो उन तक
हो मधुर मिलन, ऐसा न देखा
जिसे किसी ने हो अब तक

सब कितनी सुंदर, प्रेम भरी
मधु से भी मिठा रस लायी
कुछ ने तो मेरी बाँह पकड़
आँचल को मुझपर लहराइ

कभी चूमती भाल मेरा
तो कभी गाल छू जाती है
प्रेम की न जाने कैसी ये
गंगा आज बहाती है।

मैं मौन रहा न कुछ बोला
मैं प्रिय था उनका जन्मो से
मैं हुआ अकिन्चन् विलग भला

पर प्रेम पल रहा था मन में

अहो कहूँ क्या शोभा तब की
चाँद लगे थे बल्बो से
चारों ओर परियाँ थी मानो
दीपक घिर चुका हो शलभो से

कुछ उझक उझक कर देख रही
स्पर्श चाहती इक मेरा
कहती है सब कुछ तुझे समर्पण
ये तन, मन जीवन मेरा

तुम जीवन की आस मेरे
जीवन की गति तो तुमसे है
मैं तेरी हूँ, जैसे मानो
स्वासे ये बंधी बदन से हवो

वो कलियों जैसी मुस्काती
अधरो पर कैसी बात हाय
कर के मेरा आलिंगन मानो
दो बदन आज इक जान भये

अधरो से अधरो को वो मिला
करती वो मीठी बात हाय
नयनो की कटारी से करती वो
पल में दिल पर घाव हाय

कुछ पल को रुक सी गयी सांस
अनुराग देख मन भर आया
जो मिला नही मुझको अब तक
देखो वो आज कहाँ पाया.....

7. विरह वर्णन

आ जाओ प्रियवर प्यारे
मेरा मन दिन रैन तुम्हारे x2
आ जाओ प्रियवर प्यारे
आ जाओ प्रियवर प्यारे..

हुई आद्र बिरह मे नयन मेरे
कितनी बारी खुद सूख गए
जमघट मे शून्य लगे मुझको
जीवन के दृश्य ये सारे
आ जाओ प्रियवर प्यारे.....

है अधीर दरश को नयन मेरे
नही हटते पंथ निहार रहे
पलके झपना भी भूल गयी
कित दूर हृदय के तारे
आ जाओ प्रियवर प्यारे.....

मुरझाया मेरा मृदुल गात
श्रृंगार छिन्न, है प्राण छिन्न
तुम बिन, मेरे प्रियवर हुई अनाथ
मैं घन आकाश हमारे
आ जाओ प्रियवर प्यारे....

8. क्या हो अगर

क्या हो गर जो कभी सड़क के बीच
चलते चलते सोच रहा हूं तुमको
उलझ चुका हूं तेरी काली जुल्फों में
खबर नही हो मुझे किसी की लेकिन
क्या हो गर उस पार दिखो तुम मुझको
बढ़ूं तुम्हारी ओर पहुंच न पाऊं
किसी कार से तभी चोट खा कर मैं
तुम्हे याद करते करते मर जाऊं
आंखों पर तस्वीर बसी हो तेरी
मरने की न खबर तुझे मिल पाए
किसी रोज जब तुम हो कभी अकेली
याद आऊं मैं तुमको अगर कभी जो
फोन उठा कर तस्वीर निहारो मेरी
फिर सोंचो के बात आज करते हैं
उस छोटे आशिक को याद करते हैं
प्रेम तरानों में उलझा रहता था
कुछ कहता पर हर पल चुप रहता था
कहना था कुछ उसे आज सुन लूं मैं
कुछ और नए किस्से संग बुन लूं मैं
फोन उठा कर नंबर मुझे मिलाओ
बार बार उत्तर पर कुछ न पाओ
पल पल बेचैनी बढ़ती जायेगी
याद मेरी बस बढ़ती ही जायेगी

फोन तुम्हारा अब जब कभी चमकता
एक नई सी चमक आए चहरे पर
जब देखो तुम फोन उठा कर अपना
खुशी पिघल कर आंखो से बह जाए
क्या हो गर जो सोच रही हो मुझको
दिखे चमकता नाम फ़ोन पर तेरे
आज खुशी से तुम जब झूम जाओगी
गलती से मेरा नाम चूम जाओगी
भर कर गहरी सांस फ़ोन उठाओ मेरा
लाख प्रश्न हो मुख पर उतरा चेहरा
तब लगे तुम्हे फिर खबर मेरे मरने की
क्या होगा......

9. तुम आती हो

मुझे खबर है आती हो
बन कर हवा
चेहरे को सेहराति हो
मेरे उड़ते बालो मे
लहराती हो
मुझे खबर है
तुम आती हो
तुम मेरे पीछे साये सी
आती हो
सासों से मेरे अंदर उतर
जाती हो
थकान सी लिपट जाती हो
मुझे खबर है
तुम आती हो
मेरे चहरे पर कहते हैं
तुम ही मुस्काती हो
आँखो मे अक्सर
तुम ही भर आती हो
मौन अधर के अमर राग मे
तुम ही तो गाती हो
मुझे खबर है
तुम आती हो

10. प्रेम प्रस्ताव

एक बात कहनी जो तुमसे
कहो आज कह जाऊँ
रोज रोज मरने से बेहतर है
पल में मर जाऊँ
जो तेरा कर चुका कभी
तुझको अर्पण कर जाऊँ
रोज रोज मरने से बेहतर है
पल में मर जाऊँ

बनो सङ्गिनी मेरी तुम
न ऐसी इक चाह
प्रेम रहे अपना अनंत
ज्यों जलनिधि की थाह
तुम मेरा दर्पण हो और
मैं भी तेरा बन जाऊँ
रोज रोज मरने से बेहतर है
पल में मर जाऊँ

कहाँ और डूबूँगा अब जब
पारावार नयन मे
कहाँ और भटकूँगा अब जब
भटका प्रेम गहन मे
उलझी हुई लटों को तेरी

मैं सुलझाना चाहूँ
रोज रोज मरने से बेहतर है
पल में मर जाऊँ

11. नाव का सफर

नाव का वो सफर
लहरों की गोद में
तेरे संग बीता हर
पल मेरा मोद में
आयी लहरे कई
मुझसे टकरा गयी
पहले से डूबा था
मै किसी झील में
नाव का वो सफर....

उठ रहे ज्वार कितने
तुम्हे देख कर
शांत सागर में भी
उठ रही हैं लहर
चाँद भी आज
कितना करीब आ गया
क्या पता कब गयी
आ गयी ये सहर
नाव का वो सफर.....

12. तुम्हारी याद

कई दिनों के बाद आज
तुम फिर से याद आई हो
कई दिनों के बाद आज
आँखो मे भर आई हो

कई दिनों मैं जगा रात भर
तुमको भूलना चाहा
कई दिनों तक आँखो के
पर्दों से तुम्हे हटाया
कई दिनों के बाद आज
तुम फिर से मुस्कायी हो
कई दिनों के बाद आज
आँखो मे भर आई हो

कई दिनों तक आँखो में
सपनो ने डाला डेरा
सपनो मे तेरी बाहों का
इक झूटा सा घेरा
कई दिनों के बाद आज
आँचल भी लहराई हो
कई दिनों के बाद आज
आँखो मे भर आई हो

13. रात अकेले घर मे

मिल जाओ जो कभी मुझे तुम
रात अकेले घर में
शांत रात न कोई साथ हो
रात अकेले घर में
कर दूंगा मैं तुझे समर्पण
जो भी शेष बचा है
क्या मेरा है तुम ही हो
जो मैने कभी रचा है
अंशु से भीगे तकिये भी
कुछ कहना चाहते हैं
जो था गीतों में गजलों में
संग रहना चाहते हैं
मिल जाओ जो कभी अगर
बाहों में भर लूंगा मैं
जो तुमको स्वीकार हुआ
हर सुख दुख कह दूंगा मैं
इंतजार में लाल पड़ी
आंखे भी बोल रही हैं
मेरे अंदर की पीड़ा का
हर भेद खोल रही हैं
तेरे आंखो के नद में अब
डूबना चाहता हूं
तेरे जुल्फों की छांव में

अब सोना चाहता हूं
तुम्हें लगा कर सीने से
पल में सदियां जी जाऊं
भले प्राण को प्राणों के
बाहों तज मर जाऊं

14. आओ प्यारे होली खेले

आओ प्यारे होली खेले
रंग चुराकर कर श्रृष्टि से
कुछ नीला रंग ले अंबर से
कुछ ले लें हम वृष्टि से|
आओ प्यारे होली खेलें

एक रंग लेलें वृक्षों से
एक हवा से भी ले लें
एक रंग मानवता का ले
एक दया का भी ले लें
एक रंग हम ले ऐसा जो
रंग जाये श्रृष्टि सारी
एक रंग प्रियतम का जिसको
प्रेम कहे श्रृष्टि सारी
आओ प्यारे होली खेलें.....

इस होली पर बरस रही है
नभ से भी रंग की धारा
इंद्र देव ने दिखलाया है
अंबर से वो धनु प्यारा
सात रंगों से रंगने पर भी
श्वेत दिखे जब तन न्यारा
तो इसको कहना के ये है

प्रेम रंग सब से प्यारा

हांथो में रंग लेकर रंगने
श्याम वर्ण के ग्वाले को
घेर लिया है राधा ने
सखियों के संग मतवाले को
रंग कर अब कहती है कान्हा
कैसा रंग हमारा है
तो हंसकर कहते हैं मोहन
रंग तुम पर ये प्यारा है

होली का त्योहार है पावन
तन मन रंग दो रंगों से
क्या पाओगे जीत जगत को
क्या मिलता इन दंगों से
त्योहारों की मीठी मिष्ठि
को घोलो अपने मन में
आज डाल दो सुख की चादर
अपने इस जलते तन में

15. कब सोचा था मैने

कब सोचा था मैने
पांव के पाजे ये
घुंघरू बन जायेंगे
कब सोचा था मैने
मैं पली फूल सी
सोऊंगी कांटो की सेज
कब सोचा था मैने

कब सोचा था मैने
बिक जाऊंगी हांथ
जिसका थामा मैने
कब सोचा था मैंने
अर्धनग्न सी चौंक पर
लाज लुटानी होगी
बन कर रह जाऊंगी
बिस्तर की गर्मी मैं
कब सोचा था मैंने

कब सोचा था मैंने
दूर चली जाऊंगी
खुद की नजरो में मैं
उठ कर गिर जाऊंगी
अब रोती हूं मैं

बस एक आखिरी बार
मिल लेती मैं तुमसे
तुम रोक दिये होते तो
शायद बच जाती मै
अपनी इस हार से
इस देह के व्यापार से
कब सोंचा था मैंने
कब सोंचा था मैंने..

16. अवैद्य संबन्ध

निकल गए जब घर से
कोई नही था साथ
मन के द्वार खडा सा
दिखा मोह का राग
सोंच रही मैं जाऊँ
या फिर उसे बुलाऊँ
रह जाती आधी सी
कितनी ख्वाहिश मेरी
उनको पूरी कर लूँ
आज अभी कुछ कर लूँ
तन के ये सब वेग
बढ़ा रहे आवेग
से बन जाते कितने
तन से तन के रिश्ते
अव्यवहारिक अवैध्य..

17. चित्र राग

बैठा था गुम सुम सा
क्या ही सोंच रहा था
बहते आँसू को सायद
मैं पोंछ रहा था
शून्य अकेला देख रहा था
मैं आकाश
उदित हुआ एक सूर्य
छा गया नवल प्रकाश
आँखो के दरवाजों से
बस कुछ ही दूर
मौन खड़ी मुस्कुरा रही
थी सुंदर हूर
दृष्टि पड़ी और दूर हो गया
सारा शोक
द्वंद छिड़ गया नयनो मे
कब पाया रोक
लगे निरखने इक दूजे को
भर कर नैन
दोनो का मुख मूक हुआ
न फूटै बैन
सुंदर काले केश बांधती
जिससे व्योम
झूम रहे है चूम लिया हो

जैसे सोम
आँखो से पद नख तक
यौवन की अंगड़ाई
मुझे देख थोड़ा सा
वो फिर सरमाइ
आँखो से मधु के प्याले
छलकती है
देख मुझे कुछ सोंच सोंच
मुस्काती है
कितना सुंदर कोमल सा
उसका तन मन
अंग अंग से फूट रहा
मधुमय सरगम
नयन होंठ कंधर कटि वक्ष
बदन की शोभा
ज्योति बिखेर रही उसकी
इक पावन आभा
ये परम भामिनि लगता
उर्पलोक से आई
एक बार इस जीवन मे
फिर से गति आई
हम शांत मगर उठ रही तरंगे
अंतर्मन मे
एक पहर हो गया बिरझते
नयनान्जन मे
सुर्ख गुलाबी गालों से ओंठो तक
आकर

धन्य हो रहे आज एक दूजे को
पाकर

धन्य हो रहे आज एक दूजे को
पाकर

18. टूटा एक ख्वाब

टूटा आज ख्वाब इक फिर से
टूटा एक सितारा
अस्त हुआ इक सूरज फिर से
हुआ पुनः अंधियारा
छूट रहे सब इक इक करके
जिनसे प्रेम मुझे था
जिनसे जीवन की ज्योति थी
जिनसे था उजियारा

जिनको समझा अपना वो तो
कहाँ हुए कब अपने
जिनके संग देखे थे मैने
खुली आँख से सपने
तुमसे था तुम ही थी मेरे
जीवन का सुख सारा
टूटा आज ख्वाब इक फिर से
टूटा एक सितारा

19. प्रिय प्रीति और परिचय

एक प्रिय तुम और प्रीति अपनी
है यही परिचय मेरा
एक अपनी चन्द लब्जो की
अधूरी दास्ताँ
न हुई वो पूर्ण और न मै हुआ
खोकर तुम्हे
क्या मिला मुझको जगत से
पाया जो खोकर तुम्हे
आओ बैठो पास मेरे
और कहो कैसी हो तुम
किंतु ये न पूछना के
तुम कहो कैसे हो तुम
क्या ही छोड़ा शेष मुझको
दे गयी आँखो को जल
पर रहो तुम खुश सदा
न याद आऊँ एक पल
तुम कभी समझी नही
के चाहता कितना तुम्हे
हर दुआ हर सांस मे
बस याद करता हूँ तुम्हे
तुम कली बागों की मै
तो बस चरण की धूल हूँ

तुम हो जोहरी का रतन
मैं तो सड़क का ढेल हूँ
चौदविं का चाँद तुम मैं
ग्रीष्म ऋतु की हूँ तपन
तुम हो मन्द बयार सी
मैं शुष्क नीरस सा पवन
छोड़कर जाओ मुझे
तुम खुश रहो हर पल सदा
एक प्रिय तुम और प्रीति
बस यही परिचय मेरा

20. जाओगी जब छोड़कर

डर रहा मैं सोच कर ये
जाओगी जब छोड़ कर
कैसे रह पाओगी तुम
और कैसे गुजरेगी पहर
डर रहा मै सोच कर ये....

याद आयेगी नयन ये
भी सजल हो जायेंगे×2
हांथो की मेहदी मे कितने
रंग भी घुल जायेंगे
पूछेगी तुमसे मेरी बाते
तुम्हारी ये हँसी
याद करते एक दिन ये
आँख भी भर जायेगी
फोन पूछेगा कहेगा
है नही उसकी खबर
डर रहा मैं सोच कर ये...

आज भी ये सोंचकर
कांप जाता है बदन
कैसे तुमको भेज दूँ मैं
किसी अपरिचित के सदन
होगा क्या अनुकूल सब

कैसे रह पाओगी तुम
किसी अपरिचित को समर्पण
कैसे कर पाओगी तुम
डरना न मै साथ तेरे
हर कहीं मैं हर डगर
डर रहा मैं सोच कर ये....

21. ऋतु रानी

चटक रही है कलियाँ सारी
महक उठी है फुलवारी
ऋतु बसंत की पावन बेला
की कितनी शोभा न्यारी
खग कुल के इस मर्मर रव से
गूँज रही श्रृष्टि सारी
तृण के तीखे नोकों पर
मुस्कान बहे प्यारी प्यारी

22. मैं तुम्हारा बैग

मैं बैग हु तुम्हारा
कितना कुछ रखता हु मैं
तुम्हारी किताबे, पेन पेंसिल
और वो जो तुमको
गुलाब का फूल दिया था किसीने
रखा है अब तक
बैग हु तुम्हारा, ध्यान रखता हूं
पर तुम्हे मेरी कोई चिंता ही नही
और बस पर जब तुम तो झट से चड जाते हो
और मैं पीछे की भीड़ मे फंस जाता हूँ
और तुम भी बचाने के नाम पर
इतनी बेरहमी से खींचते हो
पर फिर भी तुम्हारी पीट से चिपका रहता हूँ
धक्का खाता रहता हूँ
बैग हु तुम्हारा, ध्यान रखता हूँ

23. दो छतू मकान

दो छतु माकान मेरा
कितना अद्भुत प्रस्तार
एक चार पाई से संकरा
एक अनंत विस्तार
नही एक से ढकती काया
एक ढ़के संसार
दो छतु मकान मेरा
कितना अद्भुत प्रस्तार
छोटी छत को तो साधा है
चार चार डंडों से
एक बांस है और तीन
हम काट लाये अंडों से
दीवारों से दीन हीन
अपना नन्हा संसार
दो छतु माकान मेरा
कितना अद्भुत प्रस्तार

24. मैं मिट्टी का दीपक

मैं मिट्टी का दीपक
कुछ दिन जलकर
फिर से
टूट कर बिखर कर
मिट्टी से मिल जाऊंगा
मैं मिट्टी का दीपक
पर ये तो प्रारंभ हुआ
अंत नही है कोई
फिर किसी एक रोज
पड़ जाऊंगा जब मैं
किसी कुम्हार के हाँथ
से पाकर आकार
फिर से बन जाऊंगा
मैं मिट्टी का दीपक
फिर से अब इक बार
रौशन होंगे द्वार
साफ दिखेगी राह
पथ पर जो आयेगा
और अनवरत जो भी
बढ़ता ही जायेगा
निश्चित पा जायेगा
मंजिल मैं कहता हूँ
मैं मिट्टी का दीपक

25. एक फकीर

एक अकेला आता पथ पर
लिए कटोरा हाथ
न खाने का टुकडा और न
कोई भी साथ
बाट बाट वह जाता,
फैलता हांथो को,
सायद कुछ पाने को
कटे फटे कपड़ो से ढकता
तन को सिहराता मन को
पर ठहराता दोषी
न खुद को जीवन को
है बिखरे से बाल
लसी है मिट्टी
न सुख खुद आया वापस
और आयी न चिट्ठी
चिर निंद्रा मे सोया
जीवन का उल्लास
उदय हुआ सूरज पर
नही मिला परकास

26. आंगन के पार

मत पूछो ओ लाल मेरे
क्या है आंगन के पार
एक अलग ही दुनिया
जहाँ सबकुछ है व्यापार
स्वार्थ धर्म है जीवन का
दोष मानते प्यार
एक अलग ही दुनिया
बस्ती इस आंगन के पार

इस आंगन के पार मिलेगी
रिश्तों की इक रेल
डिब्बे जिसके झूट से जुड़े
स्वार्थ सिद्धि का खेल
बैठे जिसमे यात्री बनकर
मन के सभी विकार
एक अलग ही दुनिया
बस्ती इस आंगन के पार

धन ही होगा पिता मात
और धन होगा भगवान
जहां विराजे धन में जीवन
धन में बसते प्राण
धन संपत्ति के खातिर

जहां करते सब तकरार
एक अलग ही दुनिया
बस्ती इस आंगन के पार

पुष्प नही पाओगे कांटो
से परिचित हो जाओ
संसार हंसेगा आंखो से
न सम्मुख नीर बहाओ
रज धुल जायेगी इक दिन
संग नयन नीर की धार
एक अलग ही दुनिया
बस्ती इस आंगन के पार

27. अये सर्द रहम करना उनपर

अये सर्द रहम करना उनपर
जिनकी चादर आकाश बना
अये ओस न तू भी कर प्रहार
जिनके तन पर न वर्म घना

मेरे हिस्से की तुम धूप अता
करना उनके कंपते तन को
अये ख़ुदा सताना तुम भी मत
जिनका आहार इक टूक बना

अये बहती हवा ले भस्म उठा
तू मल देना उनके तन पर
और मत करना स्पर्श उन्हे
प्रस्थान तुम्हारा हो सत्वर

दृडता, शक्ति और आत्म तेज
जीवन का है परकास बना
अये सर्द रहम करना उनपर
जिनकी चादर आकाश बना|

28. गर्व करो जी खुद पर

गर्व करो जी खुद पर
रोज नई प्रगति पर
इस नये जीवन पर
खुद की सम्रद्धि पर||
गर्व करो जी कहाँ रहे
अब टूटे फूटे गाँव
पीपल की ठंडी छाँव
गर्व करो जी गर्व करो
हम है विकास के पथ पर
एक बाह्य उच्च स्तर पर||
घर मिट्टी का नही
पत्थर का है जी
घर छोड़ो जी अपना
मन भी पत्थर का है जी
नही पिघलता कभी
किसी मृत कृन्दन पर||
गर्व करो हम नष्ट कर चुके
किस्से और कहानी
राजा और वो रानी
मछली और वो पानी||
गर्व करो अब नही जगाता
चिड़ियों का वो शोर
हिलते पत्तों का रोर

पशु पक्षी का किलकोर||
गर्व करो परिचित है
वैवाहिक संबंध
तन से तन के बन्ध
मिथ्याचारी मकरंद||
गर्व करो प्रगति पर
मन की धूमिल कुमति पर
कस लगा रही संस्कृति पर
जीवन की इस विकृति पर||
गर्व करो जी गर्व करो

29. कबाड़ी:एक योद्धा

सुबह सूर्य से पहले उठ कर
चल पड़ते घर छोड़
फटे पुराने कपड़े तन पर
बाट ताकते मोड़
कंधो पर रखकर के बोझा
जाते हम जिस ओर
कभी स्वान तो कभी मनुज
करते है देखकर रोर
हालत तो ऐसी है के
चलना दूभर लगता है
एक टूक भोजन का पाने
में दिन भर लगता है
कठिन परीक्षा जीवन की
कैसे हम होंगे पार
ऐसा लगता नाव है मगर
नही एक पतवार
हम बिनते फिरते टुकड़े
अपने जैसे ही क्षीण
कहां देखते गंद अशुद्धि
हम अकुशल अप्रवीण
कहते हैं हमसे के अपनी
लज्जा कहां गंवाई
यौवन के सरगम में डूबो

सज्जा कहां गंवाई
इन्हे बता दे कधों पर
रख कर अपना परिवार
चलते हैं हम फिर चाहे कुछ
कहे हमे संसार

30. परम सानिध्य

एक परम सुखद सानिध्य मिला
वृद्ध जन का संग विशुद्ध मिला
अनुभव की झुर्रिया जिनके तन
उनके मन में एक बुद्ध मिला

मिल गयी अनेको काहनियाँ
राजा- रानी, गुड्डे- गुड़ियाँ
जर्जर तन पर भी सुवर्ण मिला
वृद्ध जन का पावन संग मिला

आँखो पर ऐनक की शोभा
एक कांति युक्त पावन आभा
सब बाल घेर कर बैठ गए
ज्यों मिल गया इच्छित भेला

बालक लगता वो बालों मे
हँसता कभी बहता गालों मे
अपना कल मुझको आज मिला
वृध्द जन का पावन संग मिला

31. काल रात्रि

हाय कैसी ये रात
पूर्ण चंद्र भी कांति हीन
बांट रहा हो भय
करता मन को अशांत
कर रहे है रोर
बाट ताकते स्वान
पड़ी काल की दृष्टि
लेकर हांथ में करवाल
करने शून्य सबको
फन फैलाकर ब्याल
खड़ा द्वार पर
घिरा हुआ यह वट वृक्ष
जिसकी जड़ें बांध रखे थी कभी
कितनो को खुद से
आज असहाय सा
कितनी पीड़ा कितने आंसू
मन में
कांपता तन सोंच कर
ये काल गति को
कौन कब आ जाए गा
बांहों में इसके
मां छिपाती लाडले को
आंचल में अपने

न पड़े कोई दृष्टि जिसमे
हो बुराई
सज रहे आले में
अब गिरघर मुरारी

32. बाबा नागार्जुन

बिखरे बाल सफ़ेदी ओढ़े
अनुभव का श्रृंगार
पढ़ी झुर्रिया चहरे जिनके
शब्द तेज तररार
लिखा सत्य और कहा
सभी से डंके की सी चोट
क्या नेहरू क्या रानी बिटिया
जिनसे खोजे ओट
नव युग के अलमस्त कबीरा
जन कवि
बाबा नागार्जुन

33. मदिरा

मैं भरी कंठ तक हूं लेकिन
मुझमें सब डूबे रहते हैं
जब मिलूं उतर अंतर्मन में
पत्थर भी सत्य उगलते है

मैं मानव की अभिलाषा हूं
कितनो की जीवन आशा हूं
मैं उस मंदिर की हूं मूरत
जहां सभी शीश झुक जाते हैं

मैं मन की पीर नाशिनी हूं
तन में उत्साह जगाती हूं
अमृत की ललक रहे जिनकी
उनको अमरत्व पिलाती हूं

सब उत्सव पर्वों की शोभा
जीवन यज्ञ की आहूति हु
मैं एकाकी में संगिनी सी
आंचल मे तुम्हे सुलाती हूं

34. क्या है शून्य

क्या है शून्य शिवा का डमरू
या ये आर्यभट्ट संतान
पंचजन्य का अमर नाद
या फिर रघुनंदन का बाण
अर्जुन का गांडीव शून्य या
बन्शि की मीठी सी तान
क्या ये शून्य शिवा का डमरू
या ये आर्यभट्ट संतान

मौन अधर का मुखर घोष यह
या आंखो से बहती धार
जीवन की यह मंद गति है
या ये किसी काल की मार
नश्वरता का है विषाद
या मुख पर आती मुस्कान
क्या ये शून्य शिव का डमरू
या ये आर्यभट्ट संतान

35. आधा

जीवन में सब कुछ आधा है
आधा है संसार
आधा ही सुख मिला अभी था
टूटा दुख का भार
आधा जीवन गया सोंचते
जीवन का उद्देश्य
आधा समझ गए थे हम जब
समय बचा न शेष
आधे मन से करै काज जो
होवै सत्यानाश
आधी पृथ्वी पर जल थल है
आधा है आकाश
आधी भूख मिटाता भोजन
और आधी वो प्यार
आधा जीवन गई कमाती
रोटी और व्यवहार
आधे मन में भक्ति श्रृद्धा
बची शेष में द्वेष
आधी सुन कर करै कराए
कुटिल कुचग्र कलेश
आधे नर नारी नारायण
है देवो के देव
संतन के हितकारी स्वामी

रक्षक बने सदैव
क्या आधा क्या पूरा करना
भजो कृष्ण का नाम
वे ही इस श्रृष्टि के श्रृष्टा
वे ही है सुखधाम।।

36. एकल श्रृष्टि

एक सूर्य है एक चंद्रमा
एक ही है आकाश
एक पवन की बहती धारा
जिसमे सबकी स्वास
एक हृदय कुमति का बैरी
एक देह एक प्राण
बनी एक से श्रृष्टि सारी
ग्रह नक्षत्र विमान
एक विश्व में भारत अपना
एक अनोखा मान
एक पुण्य पावन ये धरती
जहां जन्मे भगवान
एक क्षितिज जो बांध रहा है
धरती और आकाश
एक सूर्य धरती को देता
अपना पुण्य प्रकाश||

37. द्वैत प्रकृति

द्वंद सदा रहता दोनो मे
रहती है तकरार
दोनो के पंथी उलजे पर
कौन मुख्य आधार
एक सगुण है एक है निर्गुण
अद्भुत है आकर
एक शून्य के जैसे तो है
एक अनंत विस्तार
दोनो सिक्के के पहलू है
वैकल्पिक व्यवहार
एक अचर मे शक्ति भरता
एक सचर मे प्राण
दोनों शुभ है दोनों लौकिक
दोनो के आयाम
देहहीन अंबर मे रौशन
देह धरे तो राम
सिक्के के पहलू से होकर
भी दोनो ही एक
दो को भी तुम एक कहो
और समझो खुद को नेक

38. चार

चार दिनों की है ये दुनिया
चार पहर और शाम
चार प्यार की बाते करते
कुछ कर ले विश्राम
चार मिले पर खर्च हो गए
जीवन के दो दिन
जन्म और यौवन भी सूना
सब गुजरा तुम बिन
तुम आओ तो संग जीते हैं
ये तृतीय भी दिन
वरना कदम बढ़ा कर रखे
चूमे अंतिम दिन

39. सात से संसार

सात अजूबे इस दुनिया मे
सात जगत मे खार
सात ऋषि नक्षत्र गगन मे
सात जन्म का प्यार
सात सुरों से सरगम सजती
सात जगत मे द्वीप
सात विवाह मे फेरे होते
सात वचन के दीप
सात चक्र मानव के अंदर
सात धनुष मे रंग
सात वार होते सप्ताह मे
सात करे हुड़दंग
सात चर्च चर्चित बाइबिल मे
सात हमसकल और
सात मिले स्थान राष्ट्र को
सात अभाज्य है गौड़
सात पलो मे उत्तर उपजे
सात अजब है अंक
सात अगर दे साथ
सात से बनता राजा रंक...

40. लोकतंत्र का मेला

लोकतन्त्र का मेला देखो
कितना है उत्साह
गत वर्षों की भाँति ही
इस बार सज गयी राह
जनप्रतिनिधि सड़कों पर उतरे
मांग रहे सहयोग
बिकने वाले बिक कर बैठे
करते हैं जय घोष
नव युवा, वृद्ध जन बालायें
माँ बहने तैयार
मतदाताओं की केंद्रों पर
लम्बी लगी कतार
बन्द हुआ परिवहन आज
पर सड़कों पर है धूम
लोकतंत्र के महाकुंभ में
सभी रहे हैं झूम
अपना अपना केंद्र खोजते
है भोले इंसान
सब हैं तत्पर दिखलाने
शक्ति करके मतदान
हाथी, साइकल, कमल हाथ
के पंजे का गुणगान
करते लौट रहे मतदाता

कर अपना मतदान
हाँथो पर नीली स्याही से
कुछ लिख कर लाते हैं
वो ही केवल कल का
स्वर्णिम रूप सजा पाते हैं
आग्रह है आलस त्यागो
करो आज मतदान
लोकतंत्र तुमसे है और
तुम ही इसके हो प्राण

41. फल का अंतर्द्वंद

न जाने इन शाखाओं पर
कब से झूल रहा हूँ
धीरे धीरे सम्बंधो को
क्यो मै भूल रहा हूँ
मुझको चाहने वाले मुझपर
पत्थर चला रहे है
फिर भी इन झूठों के खातिर
क्यों सब भूल रहा हूँ

42. पहली उड़ान

देख गगन को चूम रहे जो
उस खग का संघर्ष महान
कितनी चोटे कितने आँशु
बनी आज उसकी पहचान
प्रथम बार जब पंख पसारे
हुई अगाध क्लांति की मार
बार बार शक्ति भर भर कर
करता नित संघर्ष अपार
कितनी असफलता कितनी
ही बार हुआ नत मिट्टी मे
उठता उड़ता गिरता फिर
उड़ता फिर गिरता मिट्टी मे
किंतु न बुझने दी चिंगारी
उड़ना सीख रहा हूँ मैं
अपने पैरो पर उठना और
चलना सीख रहा हूँ मैं
एक दिवस आयेगा जब
अपना परचम लहराउँगा
इन नाजुक पंखो से ही
अंबर को भी दहलाउँगा

43. ऋतु रानी

चटक रही है कलियाँ सारी
महक उठी है फुलवारी
ऋतु बसंत की पावन बेला
की कितनी शोभा न्यारी
खग कुल के इस मर्मर रव से
गूँज रही श्रृष्टि सारी
तृण के तीखे नोकों पर
मुस्कान बहे प्यारी प्यारी

44. प्रजा-तंत्र

गणतंत्र नही रह गया शेष
बस तन्त्र रह गया भोगो का
गण के स्वामी दीन सदा से
कष्ट सहे वो रोगों का

सत्ता भोगी मिले राष्ट्र को
जड़े जमाने को अतुर
गढ़ा जिन्होंने उन्हें गाड़ने
को नित है रहते अतुर

भारत है अब उनके हांथो
जिनके हांथो मे न जान
भारत के युवाओं को अब
कहाँ राष्ट्र गौरव का भान

उत्तर मे गिरिराज हिमालय
प्रकृति का मङ्गल वरदान
देव भूमि यह भारत जन्मे
जहाँ भगत सिंह वीर महान

भारत के मिट्टी मे कितनी
बलिदानों की गाथा है
झांसी वाली रानी मर्दानी

की विजय पताका है|

जगो राष्ट्र के कुलदीपक
बलिदान न जाए व्यर्थ कभी
बाबा, दादा पुरखो का
अभिमान न जाए व्यर्थ कभी

ये डूबा तो तुम भी प्यारे
कहाँ शेष बच पाओगे
तुरत दासता की जंजीरो मे
तुम जकडे जाओगे

उठो और स्वीकार करो
भारत हम सब का गौरव मान
धर्म पंथ से उठो आज तुम
कहो प्रेम से हिंदुस्तान

45. संध्या वर्णन

हे नाथ कहाँ तुम चले छोड़कर
अंधकार की ज्वालो मे
तुम भी डूब गए क्या स्वामी
अंधकार के प्यालों मे
हम तेरे बालक परमेश्वर
हमको अब कौन बचाएगा
अंधकार की रजनी से
लड़ना अब कौन सिखायेगा
तुम अस्त हुए रह गयी शेष
रश्मियाँ गगन के मेघों मे
खग मृग जीव चराचर मे
तुम शेष पवन के वेगों मे
जब तक तुम थे साथ न आया
नजर एक मिथ्या का स्त्रोत
हुआ विलग जो तुमसे पाया
कहाँ जगत मे पुण्य प्रमोद

46. अये चप्पल एक बात कहो

अये चप्पल एक बात कहो
इन चरणो मे क्या पाते हो
नित हत करते चरणो से हम
फिर भी आह्लाद मनाते हो
मेरे हिस्से के तुम शूलों को
हँसकर कैसे सह जाते हो
अये चप्पल एक बात कहो
इन चरणो मे क्या पाते हो|

जब कभी धरा अंगार बनी
तुम झट रक्षक बन जाते हो
गर आये मारग मे कंकड़
ठोकर से उसे हटाते हो
तुम बढे चलो मैं संग तेरे
काँटों मे राह दिखाते हो
अये चप्पल एक बात कहो
इन चरणो मे क्या पाते हो

47. एक रात, वो घर के बाहर

एक रात, वो घर के बाहर
एक रात, चंदा के साथ
एक रात योगी सा जीवन
एक रात खुद से संवाद

एक रात मै रहा अकिन्चन्
घर के बाहर न कुछ साथ
मिला अकेलेपन मे खुद से
दिखी आज अपनी औकात

एक रात, न आये सपने
हुई मच्छरों के संग बात
न इक टूक बिछौना संग मे
न ही एक सिराहना साथ

एक रात, सब देते ताने
वृक्ष, पवन, तारे आकाश
निकला सूर्य देर से मानो
रात हुई वर्षो की बात

एक रात, का सफर बड़ा था
पर न कोई सहारा साथ

हाय कैसी एक रात ये
जैसी उनकी है हर रात।

एक रात,वो घर के बाहर
एक रात चन्दा के साथ...

48. ज़रा और जन्म

जन्मते शिशु की जरा
तुम कांति को देखा
ईश का वरदान है
ये मानते है सब
पर जरा को तुम जरा
सा ध्यान से देखो
क्यों भला अभिशाप
इसको मानते है सब
तन से मोह क्यों
मिला तुझे नही केवल
रूपवान हो, क्या ये
मानते हैं सब
अर्थ रूप काम
क्या सिर्फ है ये सत्य
ले नही जाते कभी क्यों
अभिलाषी हे मृत्य......

49. दुख बदरा

हाय ये कैसे दुख बदरा
बरसावे नित नूतन पीड़ा
हाय ये कैसे दुख बदरा
हाय ये कैसे दुख बदरा

घन घोर कृष्ण सा वर्ण तेरा
सुख के सूरज पर ग्रहण तेरा
तुम तम के दूत तमराज सुनो
है अंत समीप तुम्हारा
हाय ये कैसा दुख बदरा......

तेरा कर्कश रव तू काग कोई
आकर बैठा है डार मेरे
संबंधों को तू भूल चुका
तू है इस कुल का दाग रा
हाय ये कैसा दुख बदरा.....

50. रिश्ते और मित्र

समय ने ली है करवट,
अनुकूल प्रतिकूल हुआ है
सब उजड़ा बह गया अश्रु मे
हर अपना दूर हुआ है
सम्बन्धों की ये इमारत
जर्जर और क्षीण दीखती
नीवों का दीवारो से
सम्बन्ध विदीर्ण हुआ है।

कौन बनाये मित्र दोस्ती
की क्या परिभाषा है
हम सब है भोगी तो
केवल भोगो की आशा है
निरे भ्रमर मिल जाते है
मकरंद संजोये पुष्पों पर
वर्तमान के रिश्तों का
उस भ्रमर पुष्प सा नाता है।

मिल जाते हैं कुछ ऐसे
मित्र जिन्हे हम कहते हैं
मुख के शब्दो को ही नही
मन के संवाद समझते हैं
शुद्ध हृदय निष्कपट भाव

आनन्द संजोकर आते हैं
न जाने कब कैसे अपनी
हर पीड़ा हर जाते हैं।

51. कैकई

उस बन्द हृदय के कटु सत्य को जाने कौन
उस परम मात का मर्म भला पहचाने कौन
खुद से लड़ कर जीत गयी पर हार मिली
जब बनी नियति का हेतु , काल की मार मिली

सत्कर्म जान जो कर्म किया, न पायी कुछ
जब हुआ चन्द्र अंगार , समझ न पायी कुछ
इस जग से तो बस उसे शिर्फ अपमान मिला
महा स्वार्थी पद का इक सम्मान मिला

अपमान मिला सो मिला, सहन कर जाऊँ मैं
अब कहो नयन के नीर डूब मर जाऊँ मैं
दीप नही जो फूँक और बुझ जाऊँ मैं
रजनी मे जग मग चंद्र को भी चम काऊँ मैं

बैठे थे तत्पर प्राण पति के जाने को
नही समय था शेष तुम्हे समझने को
यदि तुमसे रखती प्रेम अंत क्या पाती मैं
क्या पति पुत्र खोने का दुःख सह पाती मैं

हाय ये मेरा यह कर्म कहाँ ले आया
जग हुआ कुपित, न कर्म किसी को भाया
इस माँ के मन को कौन जान सकता है

कौन हृदय की थाह माप सकता है

हे राम कहो तुम अभी अनंत गगन से
वर्षा जल सी टकरायें दामिनी तन से
अब कहूँ भले पर मेरी कौन सुनेगा
न जाने संसार क्या मुझे कहेगा

52. जागो

सन्नाटों के स्वर को ही तो सुन कर ये संसार जगे
मौन अधर भावों के दर्पण, के सम्मुख संवाद जगे
जगे तुम्हारे मन की आशा, जीवन की चित्कार जगे
बुझी हुई तन की चिंगारी, अज बनकर अंगार जगे
हांथो मे करवाल जगे और महा रुद्र महाकाल जगे
बांसुरी त्याग कर चक्र उठाने वाला कृष्ण महान जगे
जागो उठो संघर्ष करो, मत करो कलंकित मिट्टी को
मांगे एक करो तुम लाखो, जान न्यौछावर मिट्टी को
मिट्टी तेरी आन रहे भारत का गौरव गान रहे
अगर चाहते ऐसा तो फिर कहो भारतीय प्राण जगे

53. टूटते ख्वाब

टूटा आज ख्वाब इक फिर से
टूटा एक सितारा
अस्त हुआ इक सूरज फिर से
हुआ पुनः अंधियारा
छूट रहे सब इक इक करके
जिनसे प्रेम मुझे था
जिनसे जीवन की ज्योति थी
जिनसे था उजियारा

जिनको समझा अपना वो तो
कहाँ हुए कब अपने
जिनके संग देखे थे मैंने
खुली आँख से सपने
तुमसे था तुम ही थी मेरे
जीवन का सुख सारा
टूटा आज ख्वाब इक फिर से
टूटा एक सितारा

54. कहाँ मिलेगा

क्या लगता है कहाँ मिलेगा
मुझको चाहने वाला
मेरे सुख दुख को और मुझको
अपना कहने वाला
इस दुनिया मे अब तक मैने
जो कुछ भी पाया है
मझे पता है कितना खोकर
कितना कुछ पाया है
समय बदलते ही कितने ही
रिश्ते टूट गए थे
तुम क्या जानो कितने मेरे
अपने छूट गए थे

55. ग्राम्य स्थिति

ये ज्ञान विज्ञान
कुछ झूठा अभिमान
गति हुई अधोगति
मुख मूक और म्लान
कुछ नए से पैंतरे
कुछ शक्ति के बाण
हुए निस्तेज से
हर रहा हर आज
अंग कभी तो प्राण
जीर्ण हुआ आलय
सूखी गई करवाल
दौड़ रही रण चंडी
संकट में अब प्राण
जगे देर से सभी
पड़ी क्षति की मार
बरस रहे हो जैसे
कर्मों के अंगार

56. कहाँ सरल है

कहाँ सरल है आगे बढ़ना
पीछे से सब खींच रहे
कहाँ सरल है हँस के जीना
आँशु से सब सींच रहे
कहाँ सत्य की गाथाएँ
मिथ्या का डंका चहु ओर
कहाँ सत्य का मार्ग बचा
बस शेष एक पगडंडी और
कहाँ रही पहले के जैसी
मान प्रतिष्ठा हो गयी धूल
कहाँ प्रेम सहयोग रहा अब
धन ही इक जीवन का मूल
अपने हुए पराये और
पराये हुए है अपने आज
जीवन का कैसा ये सुख
काँटों से बना विजय का ताज

57. दो नम्बर बस

तुम्हे पता क्या इंतज़ार मे
कब से तड़प रहे हैं
अब आओगी कब आओगी
गर्मी से झड़प रहे हैं
कल भी जब था उमड़ पड़ा
जन समुदाय सड़कों पर
तुम थी कहाँ दिखी न मुझको
बैठ गया था थक कर
फिर भी ये है परम् सत्य के
प्यार मुझे है तुमसे
हर छोटे हर बड़े सफर की
आस रही है तुमसे
मामा का घर या हो के हो
बब्बन का वो मार्ट
काकादेव के मोमो हो या
हो जाना वी-मार्ट
या परेड की चकाचौंद मे
खुद को खो जाना हो
या केरला कैफे जाकर
ढोसा चटकाना हो
एक सहारा तुम ही मेरा
तुमसे पथ की शान
दो नंबर अंकित मतस्क पर

इक तेरी पहचान...

आयुष कुमार 'कृष्ण'

इक तेरी पहचान...

58. योगी सरकार

फिर से देखो आयी यू.पी. मे योगी सरकार
कितनो के फरखच्चे उड़गे होगे सब बेकार
साइकल हांथी पंजा वाले होंगे सब बीमार
फिर से देखो आयी यू.पी. मे योगी सरकार

दो इंजन की अपनी गड्डी मे आयी रफ्तार
पांच वर्ष का ईंधन भरकर आयी फिर सरकार
रचे कौन षणयंत्र नया अब कैसे हो उपचार
फिर से देखो आयी यू.पी. मे योगी सरकार

मातम का माहौल दिख रहा है उनकी बस्ती में
न जाने कितनो की हस्ती लूटी आज बस्ती में
भाई भतीजा वाद और कुचक्रों का संहार
देखो फिर से आयी करने योगी की सरकार||

59. क्या हो गर ऐसा हो जाये

क्या हो गर अंबर फट जाये
नीचे से धरती हट जाये
जल की शीतलता घट जाये
अग्नि से ज्वाला बट जाये

क्या हो गर सूरज न आये
चंदा भी छुट्टी पर जाये
तारे भी सब बुझ से जाये
सोंचो रंग कैसे दिखलाये

क्या हो गर पानी की बूँदे
गोल नही चपटी हो जाये
वृक्ष नदी कपटी हो जाये
जीव जन्तु झपटी हो जाये

60. परिवर्तन

कहाँ कब ठहरा है ये काल
रही है प्रतिपल मंदित चाल
इसी के विष दांतों से ही
रूप जो इतना विकट कराल

कहाँ पहले सी कोमल देह
नग्न सुंदरता सा अभिराम
वस्त्र आभूषण और श्रृंगार
कहाँ लौटते अब छविधाम

कहाँ वो गया स्नेह का वृक्ष
लताएँ भरती थी जो बाँह
कहाँ मुरझाये प्रसुन अधर
चूम कर पाते थे जो थाह

कहाँ वो गया प्यार और लाड
लडाती प्रतिपल भर उत्साह
जी रहे हम सबका जो कल
निकलती जिनके मुख से आह

जरा की पड़ती है जब मार
काँप उठते हैं सारे अंग
दृष्टि में पड़ जाता है क्षोभ

विहग से उड़ जाते सब रंग

कभी आती है मन में बात
काल को देदूँ कुछ बख्शीश
माँग कर यौवन के कुछ दिन
चढ़ा दूँ हंसते जिनमें शीश

तीन पृष्ठों का जीवन ग्रंथ
प्रथम पर अंकित उद्गम गान
द्वितीय पर जो लिखना चाहो
लिखा अंतिम पर मृत्यु गान

61. क्या है कविता

कविता एक साधना
कवि है उसका साधक
भावों को शब्दों में गूंथे
बिखरता रस मादक
कविता तो परिचय है
हम सब के जीवन का
आने वाले कल का
और पुराने छल का
कविता तो सागर है
लहरे जिसके भाव
रोज नई पाठक मे
उठती बनकर चाव
कविता तो झरना
बहता झर झर नीर
सहलता है मन को
हर लेता सब पीर
कविता तो सांसे है
जिनसे मेरे प्राण
मेरे सुख की मस्ती
मेरे दुख के गान

62. कौन भला डरता है

कौन अंधेरे से डरता है
कौन अकेले पथ से
कौन भला डरता शूलों से
कौन डरे मरघट से
कौन डूबने से डरता हूँ
कौन डरे गिरने से
कौन डरे जीवन से अपने
कौन डरे मरने से

अंधकार से डरे भला क्यों
वो कुछ भय हारी है
दिन मे फिरते है मानव बन
सब अत्याचारी है
आना जाना हुआ अकेला
फिर इससे डरना क्या
साथ स्वयं को डंसने वालो
को लेकर चलना क्या
पथ के शूल सिखाते हमको
कब कैसे चलना है
कितना ऊपर कितना नीचे
अपना पग रखना है
डरे भले क्यों मरघट से हम
जीवन सत्य जहाँ है

जीवन का प्रारम्भ कही हो
केवल अंत यहाँ है
डूब चुका तो नयन नीर मे
फिर वो कहाँ डरेगा
इतना गहरा है सागर के
कोई नहीं बचेगा
हम तो बस डरते हैं केवल
तुम सबके गिरने से
धन वैभव के मद मे आकर
पर तन पर गिरने से
अपना जीवन प्रिय सदा से
चाहे जितनी हो पीड़ा
नही निकल पाता है मन से
इक लालच का कीडा
मरने से भी डरे भला क्यों
इक दिन जब मरना है
पर मरने से पहले अपना
नाम अमर करना है

63. गली गली मे सूरज

चमक रहे हैं सूरज देखो
गली गली मे आज
भाप बन रहे मानव देखो
गली गली में आज
निकल रहे थे जो भी घर से
वो सब निगल गए हैं
शेष बचा न कुछ भी देखो
गली गली मे आज॥
धूल हुई मिनारे
वो जो अंबर चूम रही थी
रो रही डहारे मार आज
बस्ती जो झूम रही थी
अपने कर्मों का फल बिखरा
गली गली में आज॥
मर रहे अनेको लोग आज
रो रही नगर की चौक
लाशें ही लाशों से लिपट कर
मना रही हैं शोक
लाल रंग से रंगी सड़क
कर रही आज आवाज॥
अंग अंग विछिन्न पड़े हैं
कहा बचे हैं प्राण
बरस रही अंबर से मृत्यु

कौन करेगा त्राण
काल महोत्सव की ये चीखें
है सरगम और साज।।

64. आधारहीन आधार

रोज़ देख कर हत होता हूँ
अपने कुल की मूल
जकड़ चुकी हैं काम लोभ से
करते है नित भूल
धर्म कर्म की आयु मे आ
करते भोग विलास
एक पैर कब्र से बिरझा
पर करते सहवास
भूल रहे सब मर्यादायें
कहाँ शेष सम्मान
लार गिराते रंग रूप पर
कुल स्तंभ महान
यही रही गति तो फिर भाई
कैसे धर्म चलेगा
काँटों की बगिया मे कैसे
कोमल पुष्प खिलेगा
कुल की कलियाँ दूषित होंगी
फल होंगे बेकार
होंगे हम तो नीर मगर
जैसे ये पारावर
बढ़ता जाता अपना ये कुल
जैसे पेड़ खजूर
न तो सुख की छाया देखो

न ही फल भरपूर
तन से वृद्ध बदन मे भी
यौवन की झलक दिखेगी
वस्त्र हीन अश्लील कृत्य
देखन की ललक दिखेगी
मन से दूषित ये कुलदीपक
तन दूषित कर देंगे
अपने और परायों का ये
भेद क्षीण कर देंगे
तन के पाटों मे पड़ कर
सब रिश्ते टूट जायेंगे
होंगे सभी शून्य सबके सब
अपने छूट जायेंगे

65. छोड़ चल खग नीड़ अपना

छोड़ चल खग नीड़ अपना
सोचता है क्या?
है सलामत पंख तेरे
सोचता है क्या?
सोचता क्यों सोंचे वो
नही शक्ति है जिनमें
है अभी समृद्ध, तू फिर
सोचता है क्या?

सोंचता उनको कभी जो
न हुए तेरे
सोंचता उनको जो हर क्षण
काटने दौड़े
है नही ये दोष तू
केवल अपरिचित थी
भूल कर सब चल चला चल
सोंचता है क्या?

पाया जो पतंग है सब
काल की माया
तू नही जानी पड़ी कब
ब्याल की छाया

है निरे वो मूर्ख जो
माने स्वयं को वर
तू नही पापी स्वयं भी
जानता हर हर
है स्वयं जब साथ फिर तू
चाहता है क्या?
छोड़ चल खग नीड़ अपना
सोचता है क्या?

66. प्रेम प्राप्ति

प्रेम प्रेम कर रटने वाले
जितने सभ्य सरल हैं
भोग रहे हैं वही भोग
न जिनके पास गरल है
मृषा मोह हो जिनका
उनको कहा प्रेम की छाया
भोगी को योगी सा जीवन
कहो कहाँ कब भाया
प्रेम मोह मे तो बस
केवल इतना अंतर है
प्रेम रहे चिर सजग सदा
मोह तो बस छू मन्तर है
तन के भोगो मे जो डूबे
वो भोगी कहलाये
परे भोग से लगा जोग मे
सो जोगी कहलाये

67. फकीर का दर्द

हे ईश्वर हम कैसे जीवन के अधिकारी
तन मन धन से दीन हीन केवल लाचारी
फटे पुराने कपड़ों से तन को ढकते है
क्या हिस्से में हम अपने बस दुख रखते हैं

भाग्य तुम्हारे हाथों का सब लिखा हुआ है
क्या तू भी इन सब की तरह बिका हुआ है
छीन चुका तू सब कुछ केवल प्राण बचे हैं
छीन मुझे कर मुक्त अगर ये लिखा हुआ है

68. भूख और भूखा

बीती एक और ये रजनी
क्षुदा अभी भी दृढ प्रतिज्ञ है
रोम रोम तन का जर्जर सा
अंर्तमन अब भी अनभिज्ञ है
शिथिल हो चुका अंग अंग
पर भंग हुआ न मन का तेज
केवल उदय अस्त होता है
कहाँ तरणि होता निष्तेज
खुश्क हो गयी काया और
अधरो पर सिमटन इठलाइ
सुर्ख गुलाबी गालों पर
ये स्याम वर्ण की परछाई
आँखो का तारा स्थिर है
पलक झपकना भूल गयी
जीवन मृत्यु को बाहों मे
भर कर एक दिन चूम गयी

69. सर्दी

इस कंपती सर्दी की साथी
बनी आग की ज्वाला
इधर उधर कंपता फिरता है
मानुज भोला भाला
तन आच्छादित है वस्त्रों से
फिर भी तो कांपता है
नित्य भिन्न मेवों का जब
वो सेवन करता है

चाय के प्यालों के संग
होती है सुबह तुम्हारी
कहां कभी बुझती है अब
घर में होती अगियारी
तुम सोते कोमल सैया पर
ऊपर से रहे रजाई
फिर भी इतना कंपते
के लेते रहते अंगड़ाई

जरा विचारो उन्हे कभी
न जिनके पास सदन है
वस्त्र एक न तन पर
भोजन का न एक भी कण है
अंतड़िया भी ऐंठ ऐंठ कर

बोल रही है तन से
हार गया मैं दांव आज
क्या बचा शेष जीवन में

पशु पक्षी का हाल देख
बह चलता नीर नयन से
मूक ताकते मुख को वो
कहते सब पीर बदन से....

70. सत्य वचन

है जो आज सामने,
वो कर्म का है फल
हम है पात्र नाट्य के,
सब दृश्य है विकल
न हाँथ डोर कर्म की
लिखा हुआ है दृश्य
है नियंता वो सदा से
जो रहा अदृश्य

मुक्ति मन्त्र एक है
सदा बड़े चलो
सीखते सिखाते
हँसते खेलते चलो
कल की कल ही देखना
क्या सोंचना कल की
आज तो खुशी को
सबसे बांटते चलो

है समय की मार
यूँ व्यर्थ न गवा
कल की न तू सोंच
कल है मर्ज़ न दवा
है आधारहीन

कल की कल्पना सारी
कल नही है कुछ
अंधी सोंच का धुआँ

कल की कल्पना सारी
कल नही है कुछ
अंधी सोंच का धुआँ

71. ग्रह स्थिति

तुम नही हो साथ,तो
सब कुछ सुहाना है
देर से उठते है और
भोजन भी बन जाता
स्वाद भी है,
पर गया न पेट को वो भी
घर है अपना पर
पराये से हुए हम सब
कोई है खुश माँ के संग
कोई बाप संग रोता

कहते है गिरिराज सा
होता पिता का मन
पर पिघलते आज
देखा है स्वयं मैंने
मैं अभागा, देखता हूँ
टूटते उसको
जो न टूटा था कभी
निज कष्ट को सहते
आज उठ उठ
दौड़ते है कांटने उसको
बाँह मे थे आज तक
जो खेलते आये

शब्द पर अंकुश न
उनके शब्द भी लज्जित

72. नियति

राम रावण युद्ध का एक ऐसा क्षण जब रावण राम पर
भारी सिद्ध हो रहा था, जिसे देख देवता अत्यंत व्याकुल हो
गए और नियति के साथ उनका संवाद कुछ इस प्रकार है

राम रावण युद्ध का अंतिम चरण है
दोनों है कुपित ठाने अनेक प्रण है
एक ओर है खड़े साक्षात हरि है
और दूजी ओर मित्या का तिमिर है
ये युद्ध केवल सत्य से असत्य का है
धर्म की विजय अधर्म की मृत्यु का है
इस अलौकिक युद्ध का परिणाम क्या है
बूझते गंधर्व किन्नर देवता है
हे नियति तुम पर टिका संसार का सुख
देखेगा क्या फिर से ये जग हार का मुख
क्या व्यर्थ होगा राम का धरती पे आना
क्या व्यर्थ होगा राम का सेतु बनाना
या व्यर्थ ही हनुमान ने लंका जलाई
क्या व्यर्थ मे बदनाम हुई कैकेई माई
जब व्यर्थ होगा सब तो क्या होगा बताओ
हम है व्याकुल भय से अब हमको बचाओ
नियति कभी अपना लिखा न बोलती है
भेद छोटा क्या बड़ा न खोलती है
हूँ बंधी मैं भी समय की बेड़ियों से

खुल के कल को मैं बदलना चाहती हूँ
अपने तन की राख को स्याही बनाकर
राम की विजय को लिखना चाहती हूँ

खुल के कल को मैं बदलना चाहती हूँ
अपने तन की राख को स्याही बनाकर
राम की विजय को लिखना चाहती हूँ

73. आखिरी मुलाकात

बन्द अधरों से हुई जो बात थी
चौदवीं का चाँद मेरे साथ थी
दूर करके आज वो भी रो पड़ा
लोगों ने समझा हुई बरसात थी

आँखो से बहने लगी थी धार सी
क्रंदन मे एक ही गुहार थी
है खता अगर तो दे सजा मुझे
मर्ज़ थी बड़ी दवा न साथ थी

अब आये हो कहने तुम्हे क्या चाहिए
ले के जीने की वज़ह जो पास थी
फिर से आज रो पड़ा मै याद कर
वो जो मेरी उससे मुलाकात थी